27

I_n. 10916.

A.

DE LA
VIE POLITIQUE,
DE LA FUITE
ET DE LA CAPTURE
DE
M. LAFAYETTE.

Morceau tiré de l'histoire de la révolution.

Par M. le C. de RIVAROL.

Envain il se fit une conspiration en sa faveur ; il vint à bout de ses amis à force de sottises, & sa nullité triompha de sa fortune.

HISTOIRE DE LA REVOLUTION.

1792.

DE LA

VIE POLITIQUE,

DE LA FUITE

ET DE LA CAPTURE

DE

M. LAFAYETTE.

La fortune dont les jeux font quelquefois d'éclatantes juftices, vient de nous livrer le général Lafayette. Ne pouvant nous étonner par un grand homme, elle a voulu nous étonner par un grand événement; elle a voulu que le chef des démocrates fe réfugiât parmi des ariftocrates; que l'apôtre de l'infurrection ne fe fauvât qu'à peine des poignards du peuple; & que l'homme de la conftitution ne fe dérobât aux échaffauds de la liberté, que pour tomber fous le glaive des loix.

Placé entre ceux qu'il a tant fervis & ceux qu'il a tant outragés, le général Lafayette n'a point héfité. Ce ferait l'hommage de l'eftime, fi ce n'était l'hommage de la peur.

A 2

Je dis qu'il n'a point hésité ; car, quoique son dessein fut de surprendre l'hospitalité, en se couvrant du nom d'émigré, & de passer en Hollande, il n'en est pas moins vrai que, poursuivi par les jacobins, cette terre ennemie lui a semblé un azyle.

Ce n'est pas, comme un autre Coriolan, qu'il se soit présenté tout-à-coup sous les tentes des Volsques, avec la noblesse & l'intérêt attaché au malheur: Lafayette n'a rien de Romain. Mais c'est plutôt que la liberté accordée à l'infame Théroigne, lui a fait concevoir, s'il était arrêté, le lâche espoir d'une semblable faveur.

Quel est donc cet homme qu'une révolution n'a pu aggrandir, que le malheur n'empêche pas d'être vil & méprisable? Pour le connaître, il faut le détacher de cette révolution à laquelle il s'est tant attaché. Nous verrons alors, que pareil à ces rochers qui empruntent leur air menaçant de la montagne qui les porte, & qui une fois tombés dans la plaine, ne sont plus qu'un embarras pour le voyageur; Lafayette, après avoir effrayé l'Europe au nom de l'insurrection française, n'embarasse plus que les gazettes du problême de sa réputation.

Parcourons rapidement les traits de ce héros sans masque & sans échasses, & faisons le descendre à sa vraie dimension. En vain j'étendrais le tableau, l'homme se racourcirait toujours; mais qu'on me pardonne quelques détails: il ne faut souvent qu'un trait pour peindre les grands hommes; il en faut une infinité pour peindre les petits.

Quand Lafayette, paraissant faire un usage héroïque de son nom, de sa fortune & de sa jeunesse, partit pour l'Amérique, il emporta avec lui cette espéce d'intérêt vulgaire qu'on accorde aux nouveautés. L'incertitude y ajoutait encore; ou ne favait jufqu'à quel point un enfant timide & filencieux, guidé par un obfcur inftinct, pouvait un jour devenir un homme. Quoiqu'il en foit, il eut quelque part aux fuccès de l'infurrection Américaine. Sa tournure Irlandaife ne déplut pas à Washington, à ce même Wafington qui depuis n'a pu voir fans pitié le gouvernail de la révolution Françaife entre des mains, qui en Amérique ne lui répondaient pas même de quelques drapeaux.

De retour en France, Lafayette trouva une réputation toute faite, & il en prit l'inveftiture. Il eut pour lui les femmes, qui cherchent fi fouvent la gloire dans le bruit, la profondeur dans le filence, la bravoure dans le maintien, & la raifon de tout dans la mode. Elles en firent le héros des deux mondes.

Ce héros cachait, depuis quatre ans, fa fourde ambition fous l'hypocrite éclat de quelques galanteries, lorfque les embarras du gouvernement lui donnerent les plus grandes efpérances. On affembla les notables. Mais ô douleur! Lafayette fut oublié. Auffitôt le miniftre eft entouré des manœuvres de l'intrigue & des fupplications de la beauté. Plus occupé des perfonnes que des chofes, Mr. de Calonne ne réfifta pas, & répara malheureufement la faute qu'il n'avait pas faite. On fait comment Lafayette fe fit auffitôt une vertu de l'ingratitude, & s'arma contre le crédule miniftre de toute la force des circonftances.

L'archevêque de Sens ayant rapidement conduit la France au bord des états-généraux, Lafayette brigua l'honneur de repréfenter un coin du royaume, & offrit de le fauver tout entier. Une foule de jeunes gens que fon exemple avait attirés en Amérique,

A 3

& qui en avaient rapporté comme lui l'inoculation de la démocratie, entrèrent aussi aux états-généraux; ayant tous des idées neuves, tous certains de régénérer la nation, & guétant comme lui l'occasion de semer la république en France.

Les états-généraux s'assemblent: le Roi peint sa détresse en peu de mots; M. Necker parle longuement de sa vertu; l'armée ne paroit que pour désobéir, & l'assemblée perd en un jour l'espoir d'être corrompue & la crainte d'être réprimée.

Je ne ferai point ici le tableau de l'insurrection générale qui renversa un des plus beaux trônes du monde, & dénatura le plus aimable des peuples. Je dirai seulement que Lafayette qui trempait déjà dans les fermentations de Paris & dans les plans de l'assemblée, revêtu à la fois du nom de député & du titre d'insurgent, fixait naturellement les regards des conjurés & de la populace. M. Bailly, cet astronome qui n'a vu que *de beaux jours* dans la révolution, l'aidait puissamment à séduire les gardes-françaises & les troupes du champ de Mars. *Le Roi*, disaient-ils tous deux aux soldats, *est entouré des ennemis de son peuple: s'il était libre, il vous dirait lui-même que c'est lui être fidèle, que de l'abandonner en ce moment.* En un mot, la conjuration éclate; on renvoye les troupes; Lafayette est nommé général des gardes-nationales, aux acclamations parisiennes; & le Roi se voit forcé de lui confirmer un titre qui légitimait la rébellion.

Si Lafayette eut reçu de la nature un cœur droit ou du moins un esprit un peu vaste, il auroit songé d'abord à rallentir & à diriger la violente marche de l'insurrection; mais au contraire, il l'excite, il la précipite, il la juftifie; que dis-je! il la fanctifie, en prononçant avec emphafe cette maxime qui fera fa fentence: *l'infurrection eft le plus faint des devoirs.*

Tel eft en effet le caractère de la Fayette. Dans les principes, le côté faux lui paroit toujours le côté neuf; dans les actions, il croit faifir le coin de grandeur, quand il a faifi le côté atroce. Ce qui le prouve, c'eft l'horrible fang-froid dont il contemple le long martyre de Foulon; & fa derniere parole, en envoyant l'infortuné Berthier fous la garde de huit foldats à travers vingt mille affaffins; *ne faites pas,* criait-il, *de violence au peuple*. . . . Il pouffait la victime, & criait de ménager les bourreaux.

Mais laiffons-là fes crimes contre l'humanité, & voyons fes attentats contre fon maitre & fon Roi. Armé de la force & fort de l'opinion, il dépendait de lui de fouftraire le monarque aux entreprifes, tantôt infolentes, tantôt régicides, des factieux & de l'affemblée. Mais il ne fe fert de ce double levier de l'opinion & de la force, que pour pouffer toujours plus ce malheureux prince fous les roues de leur char triomphant. Au lieu de dicter une Conftitution à la France, dans l'affemblée même, (car la fortune lui avoit donné cet incroyable ascendant) il prend de la main de quelque philofophe du palais-royal une déclaration des droits de l'homme; fe pare de ce crime d'emprunt dans l'affemblée nationale, & contribue ainfi à donner un code à la révolte.

Lafayette ne brille pas moins dans la nuit du 4 Août, qu'on peut appeler *la St. Barthélemy des propriétés;* & quand l'affemblée étend fon bras exterminateur fur nos colonies; lorfqu'après avoir perdu la France au nom de la liberté, elle veut encor la per-

dre au nom de l'humanité, Lafayette s'attendrit
au sein de tant d'hipocrisie: d'une main, il essuye
les pleurs qu'il repand sur les Négres de St. Do-
mingue, & de l'autre, il reçoit le prix de ceux qu'il
fait vendre en Amérique. Mais un projet plus sini-
stre, germait depuis quelque temps dans les replis
de son cœur.

Louis XVI. ayant encore quelques symptômes de
royauté, étant encore environné de ses fidèles gardes & d'une partie de la noblesse, lui paraissait ou
trop indépendant, ou trop à l'abri d'une insurrection: Versailles lui semblait trop loin de Paris. Il
conçoit donc le dessein d'arracher le descendant de
soixante rois au séjour de ses pères ; de massacrer,
s'il le faut, ses fidèles serviteurs; & de le condui-
re, baigné de leur sang, sous le joug de la capitale ; certain de disposer à jamais de l'empire, s'il
enchainait un Roi & protégeait un sénat.

Il communique son etincelle, & Paris s'enflamme.
C'est la nuit du 6 Octobre, nuit à laquelle il est
plus aisé de donner des larmes qu'une épithète.

Averti du carnage des gardes du corps, il feint de
n'y pas croire: il ignore ce qu'il fait, traite d'oui-
dire ce qu'il entend, & de vision ce qu'il voit: il
trompe le Roi, une partie de l'assemblée & tout le
château, laisse les postes dégarnis, & pour se donner un air d'innocence, il va consacrer au sommeil
cette nuit qui fut la derniere pour la maison du Roi.
La famille royale reste donc entre un défenseur qui
dort & un ennemi qui attaque. On n'oubliera jamais, & il n'est que trop impossible d'oublier, ce
sommeil de la barbare hypocrisie & de la froide atro-
cité: le crime qui veille n'est pas si exécrable.

Lafayette dira peut-être que cet ennemi que j'indique ici, que le Duc d'Orleans, puisqu'il faut le nommer, méditait le meurtre même de la famille royale; & qu'auprès d'un tel attentat le sien s'efface & s'évanouit. Il dira sans doute qu'au premier avis des dangers de la reine, il vola au château, n'écouta plus que son devoir & repoussa la horde des assassins.

Voilà aussi son titre. Je conviens qu'il n'a pas souffert qu'un autre mélât son poignard à ses bayonnettes, ses sattellites à ses troupes, sa conspiration à ses projets; & c'est à cette rivalité que nous devons les jours de la Reine & du Roi. Lafayette ecarte le fer qui lui raviroit un captif couronné, & lui donnerait un ennemi pour maître: il sauve au Roi le coup de poignard, parce que ce serait le dernier coup: il oppose donc avec succès 15 mille soldats à quelques assassins. En un mot, Philippe d'Orléans voulant égorger Louis XVI. & regner... Le général Lafayette voulant enchainer Louis XVI. & regner... Je vois-là deux criminels, & ne vois pas d'innocent. Il ne manquerait plus aujourd'hui que de les voir s'excuser, se défendre tous deux au nom de la haine & du mépris qu'ils ont l'un ponr l'autre, & s'en glorifier à la fois!

Lafayette reste donc payé de la différence qui existe en effet entre son crime & l'attentat du duc d'Orleans, par la victoire qu'il remporta sur lui. Ce point ne peut donc entrer dans la balance de ses destinées.

Voyons le maintenant lorsqu'il a mis son rival en fuite. Fier de son triomphe, sûr de son captif, il se présente à l'assemblée, lui rend compte de la

nuit du fix Octobre; juftifie les meurtres, en invoquant le témoignage des meurtriers; brave les confciences qui frémiffent autour de lui; flatte les tribunes qui tréffaillent de joye, & refte, à la fin de fa harangue, couvert du fang des gardes du corps & du fuffrage de leurs bourreaux.

Partout il juftifie la force, quand il pourrait fortifier la Juftice.

De jour en jour il adule plus baffement le peuple. Il dit & écrit aux portefaix de Paris : *exécuter vos ordres, mourir, s'il le faut, pour obéir à vos volontés ; tel eft le devoir facré de celui que vous avez daigné nommer votre commandant général.* Ainfi parle ce fils ainé de la liberté, qui n'a renverfé une cour que pour ramper dans les rues.

Ce fyftême d'adulation le dirige déformais. Il immole à la cruauté du peuple l'imprudent & difcret Favras, & à la vanité des bourgeois un refte de nobleffe qui veillait encore à la porte de Sa Majefté. Il alarme le cœur du Roi en lui demandant la vie ou les armes de cette poignée de gentilshommes, qui ne fe rendent qu'à la voix du monarque. Lafayette distribue leurs dépouilles à des voleurs en uniformes, & pourfuit ainfi l'honneur & la royauté dans fon dernier retranchement.

La mefure était comblée. Louis XVI. avait fait au defpotifme de l'affemblée, aux fureurs des factieux, aux entreprifes du peuple, des facrifices qui laiffaient la révolution fans reffource, & la conftitution fans efpoir. Lafayette lui permet un jour d'aller refpirer l'air à St. Cloud; mais le Roi captif s'apperçoit à l'infultante & farouche réfiftance du peuple, & même de la garde nationale, que son tyran n'a de force que pour l'opprimer. Il songe alors à épargner de nouveaux crimes à la nation ; il veut enfin abréger un spectacle si long & si douloureux pour l'Europe entière ; ses regards abattus se tournent d'eux-mêmes vers les débris errants de la monarchie ; il sent que le destin de la France n'est plus en France ; il peut trouver aux extrémités de l'empire des restes de chaleur & de vie ; il part.

La capitale est frappée de la foudre : plus de partis, plus de factions : monarchistes, républicains, noblesse, bourgeois, brigands, tout se mêle, tout est confondu : le péril unit tout, la crainte n'a qu'une couleur, le désespoir qu'une voix. Lafayette surtout étonne ses sattellites ; car, la peur exceptée, jamais les passions n'avaient changé son visage. Pâle, éperdu, frémissant, il flotte, il court, il semble chercher sa proie égarée, & reste lui-même celle du peuple ombrageux, féroce, immense, qui l'environne : ses officiers sont maltraités, sa tête menacée ; & c'est sur cette tête menacée qu'il jure de ramener son royal captif. A sa voix Paris vomit des couriers & la France se couvre d'émissaires..... Une cruelle providence veut que la victime soit ramenée.

Je ne ferai ici qu'une réflexion : c'est combien un Roi est nécessaire aux Français. Objet de haine ou d'amour, de respect ou d'outrage, il en faut un. Voyez Louis XVI. Dans cette révolution si républicaine, il parait un obstacle à tout. Disparait-il ? tout est perdu. Ainsi les blasphêmes & les adorations des hommes, attestent également un Dieu.

Des joies cruelles annonçaient déja dans Paris l'arrestation & l'arrivée du Roi. Lafayette passe d'un

abattement trop vifible à une fureur concentrée:
fombre & fatisfait, il marche au-devant de la famille
royale qui s'avançait lentement, raffafiée d'oppro-
bres & d'amertumes, dans une marche de plufieurs
jours, fous un foleil brulant, à travers les cam-
pagnes poudreufes & les flots toujours croiffans d'une
populace indomptée. Lafayette s'approche & donne
encore à ce peuple des leçons d'irrévérence & d'in-
humanité; il fe plait à écrafer un Roi de France,
féparé de fon trône, fous la prétendue fouveraineté
des poiffardes & des forts de la halle: il créc des
fupplices au malheur & des affronts à la royauté.

En effet, on entre à peine dans la capitale, in-
décife fur l'accueil qu'elle ferait à fon Roi, qu'à
l'ordre du général les têtes fe couvrent, les cœurs
fe glacent, les voix reftent muettes: tout eft de
fer autour de Louis XVI. Par cette horreur filen-
cieufe, Lafayette faifait entendre au peuple qu'il
allait devenir le juge de fon Roi.

Enfin le Louvre fe préfente aux yeux de l'infortuné monarque; fes grilles & fes voutes le déro-
bent enfin à un jour odieux, à une terre perfide,
aux regards de cette multitude, qui fut jadis fon
peuple. C'eft alors que Lafayette qui avait affecté
jufqu'ici les airs d'un maire du palais, defcend
tout-à-coup au rôle de geolier, dont les fonctions
étroites & cruelles conviennent mieux à fon ame
froide & minutieufe. Il étonne Paris de fes pré-
cautions & de fes recherches. Le palais des Thuil-
leries, hériffé de bayonnettes, des toits jufques
aux fondemens, eft infefté au-dedans de poftes, de
fentinelles & des rondes perpétuelles d'nne folda-
tefque infolente. La famille royale ne jouit pas
même de cet intervalle de liberté que la nuit an-

nonce à toute créature ; le fommeil eft interrompu, les lits font vifités, la pudeur eft outragée ; pendent près de trois mois, l'infatigable Lafayette fe multiplie autour de fes captifs. Il ne dort plus.

Cependant l'Europe s'indigne, & l'affemblée s'effraye. Elle fent la néceffité de fauver le Monarque, & le danger de pouffer le peuple : il eft tems de donner une bafe & un terme à fes travaux ; elle arrête elle-même fa marche triomphale ; on décrete que le chef-d'œuvre de la conftitution fera préfenté au Roi, & qu'il le fignera, fous peine du trone & de la vie.

Lafayette, affuré d'avoir dégouté Louis XVI. d'un nouveau départ, & voulant refter le maitre du Roi de la conftitution, embraffe auffitot le parti dominant dans l'affemblée nationale.

Mais ce nouvel efprit de nos légiflateurs ne fe communique pasmême à la dixieme partie des fauteurs de la révolution. La grande majorité murmure ; elle fe plaint qu'on l'ait pouffée depuis plus de deux ans à la démocratie par tant de harangues, d'arguments & de crimes, pour tomber enfin dans une efpèce de monarchie. L'anniverfaire de la fédération arrive, & cette époque ajoute aux moyens des méconteus & aux perplexités de l'affemblée nationale. Car déja le peuple eft au champ de mars, il y eft tout entier, il étend déja la main fur l'autel de la patrie, il prête & reçoit des fermens. A quels fignes faudra-t-il donc reconnaître fa fouveraineté ? lorsqu'au mois de Juillet 89, fon infurrection contre le Roi fut légitimée, avait-elle un auffi grand caractere ?

L'affemblée délibere entre la fouveraineté de ce

peuple & fa conftitution; elle ofe fe décider pour fon ouvrage contre fes fouverains. (Car il faut ici parler fon langage.) La loi martiale eft décretée, & Lafayette eft chargé de ce périlleux miniftère. Il héfite, il avance, il recule entre deux abymes. Le premier coup de fufil, parti fans fon ordre, décide la queſtion; on tire fur le peuple: la conftitution eft teinte de fang, & l'affemblée a femé au champ de Mars les dents du dragon. Ici commence un nouvel ordre de chofes.

Le corps légiflatif a perdu l'idolatrie des peuples; effrayé d'avoir enfanté ce qu'il n'a pas conçu, il précipite fa fin, & brife avant de fe diffoudre le fceptre de général dans les mains de Lafayette.

Ce que l'affemblée n'a pas conçu & qu'elle a pourtant enfanté, c'eft la fecte dominante des jacobins. Déja les tribunes fourmillent & regnent par-tout fur les affemblées, comme les clubs fur les municipalités & les directoires, comme les bonnets fur les chapeaux: déja les piques fe dreffent fiérement entre les armes de ligne & les fufils de la milice bourgeoife. La nation fubit fa dernière métamorphofe, & l'efprit de la révolution l'emporte d'un bout de la France à l'autre fur la lettre de la conftitution.

Cette machine dont le jeu n'a jamais réjoui l'œil de fes artifans, parce qu'elle n'a jamais marché un feul jour, la conftitution ne peut affurer la vie ni les propriétés de perfonne; & c'eft en effet de la fidélité du Roi à cette conftitution, que datent fes derniers malheurs. Je n'en pourfuivrai pas le récit, parce que Lafayette y eft étranger; & s'il faut le dire, parce que la fenfibilité & même l'imagination de l'homme ne font pas de mefure avec des malheurs fi grands & fi répétés.

Pourquoi, dans les révolutions d'un empire, don-
ne-t-on d'abord tant de larmes aux premiers malheurs du prince? c'eft que dans fa perfonne les premiers coups de la fortune outragent & renverfent d'a-
bord la puiffance & la majefté. Si la fortune s'ob-
ftine, fes dernieres rigueurs ne tombent plus que fur
la trifte humanité. Il en eft de la perfonne des Rois,
comme des ftatues des Dieux: les premiers coups
portent fur le Dieu même, les derniers ne frappent
plus qu'un marbre défiguré: le Dieu n'y eft plus.....
Mais quel nouveau jour écarte ces fombres images?
Le nord de la France s'éclaire: la brillante victoire
marche & s'avance à travers le cahos: fa voix fono-
re retentit dans l'empire de l'anarchie. Je vois pla-
ner l'aigle des Céfars: je vois un grand monarque
fuivi d'un cortège de princes: Louis XVI. fe ranit-
mant dans les embraffemens de ces perfonnes facrées,
& rallumant les rayons éteints de fa couronne au
diadéme de Fréderic-Guillaume. ✳

La chute de Lafayette me rappelle. Il s'eft caché
dans fes terres, non pour jouir en paix du fpectacle
de cette liberté & de cette égalité qui lui ont couté
tant de crimes, mais pour échapper aux jacobins de
Paris, pour briguer les voix des provinces, & fe
rendre encore redoutable. Auffi dès qu'on fonge à la
guerre, obtient-il une armée. Il va camper aux fron-
tières du nord, où pendant une campagne de trois
mois entiers, le général n'expofe que fa réputation
& fes amis.

Enfin les jacobins, foit pitié, foit ennui des malheurs de la monarchie, fe font les inftrumens de la
providence. Ils demandent à grands cris la tête de
tous les députés conftitutionnels, & mettent un prix
à celle de Lafayette. La nouvelle affemblée époufe
leurs fureurs & décrète leurs fentences.

✳ *Le duc de Brunswik a bien changé ces augures.*

Ce général qui n'avait pas quitté fon armée, quand le immolait Foulon, Berthier & les gardes du corps, quand elle menaçait les jours de LL. MM., la quit-quand il eft menacé lui-même. Il fuit, il difparait à la fcène de la révolution, comme un héros de éatre qui tombe & finit avant la pièce. Transfu-, & fe faifant un bouclier de ce nom d'émigré dont a fait un crime capital à tant de malheureux fran-is, il fe préfente, fuivi de quelques traitres, aux ftes avancés de l'armée autrichienne: il eft pris & connu.

Tel eft Lafayette tiré du labyrinthe politique où il ait égaré fa vie; telle eft fa vraie nature prife dans replis de fon cœur, & dans les détours de fon rit. Ce n'eft point un homme décidé entre la fot-e & la fcélérateffe, mais un homme qui fe compofe s ceffe de l'une & de l'autre: toujours faux dans plans, toujours cruel dans l'exécution; abfurde ns l'enfemble, & criminel dans les détails.

Et dubitamus adhuc mercedem extendere factis?

FIN.